BEI GRIN MACHT SICH IHR WISSEN BEZAHLT

- Wir veröffentlichen Ihre Hausarbeit,
  Bachelor- und Masterarbeit

- Ihr eigenes eBook und Buch -
  weltweit in allen wichtigen Shops

- Verdienen Sie an jedem Verkauf

Jetzt bei www.GRIN.com hochladen
und kostenlos publizieren

Trainingslehre 2. Ausdauertraining und Cardiotraining

GRIN

Bibliografische Information der Deutschen Nationalbibliothek:

Die Deutsche Nationalbibliothek verzeichnet diese Publikation in der Deutschen Nationalbibliografie; detaillierte bibliografische Daten sind im Internet über http://dnb.d-nb.de abrufbar.

ISBN: 9783346551009
Dieses Buch ist auch als E-Book erhältlich.

Deutsche Hochschule für

Prävention und Gesundheitsmanagement

Hermann Neuberger Sportschule 3

66123 Saarbrücken

Einsendeaufgabe

Fachmodul: Trainingslehre II

Studiengang: Fitnessökonomie

Inhaltsverzeichnis

1.Diagnose

1.1 Allgemeine und biometrische Daten

Tab. 1: Allgemeine Daten

Alter	53Jahre
Geschlecht	Männlich
Körpergröße	167cm
Körpergewicht	72kg
Beruf	Kaufmännisch Angestellter (Außendienst)

Tab. 2: Biometrische Daten

Blutdruck		Auswertung
Systolischer Wert	145mmHg	Der systolische Wert von 145 mmHg weißt auf das
Diastolischer Wert	75mmHg	der Blutdruck des Kunden in den Hypertonie Grad 1 einzuordnen ist. Diese Einordnung erfolgt nach den Daten der American Heart Association (vgl. Blutdruckklassifikation der American Heart Association (modifiziert nach Mancia et al., 2013, S. 1286))
Puls		Auswertung
Ruhepuls	52 Schläge pro Minute	Der Ruhepuls des Kunden liegt unterhalb des Normbereiches von 60-80 S/min (vgl. Weineck, 2003, S. 50). Der Ruhepuls geht einher mit dem erhöhten Blutdruck.
Body-Mass-Index		Auswertung
BMI	25,8	Der BMI des Kunden liegt im Bereich des Normalgewichts von 22-28. (vgl. World Health Organisation, 2000)

Tab. 3: Sonstige Daten

Trainingsmotive	Die primären Ziele des Kunden sind die Gewichtsabnahme und damit einhergehend die Senkung des BMI-Wertes. Des Weiteren möchte der Kunde das Risiko minimieren an Diabetes Typ 2 zu Erkranken, da diesen in der Familie häufiger im Alter aufgetreten ist. Ein weiteres Ziel ist die Senkung des Blutdrucks in den Hochnormalen Bereich.
Zeitlicher Verfügungsrahmen	Der Kunde hat pro Woche maximal 3h die er mit Sport verbringen möchte. Welche er gern auf 3 Tage die Woche aufteilen möchte.
Sportliche Aktivitäten	Aktuell keine außer gelegentliche Wanderungen, Sportliche Aktivitäten von 2010-2015 waren EMS, Laufen gehen und Schwimmen.
Allgemeiner Gesundheitszustand	Der Kunde ist gesund, hat allerdings ein erhöhtes Risiko an Diabetes Typ 2 zu erkranken.

1.2 Leistungsdiagnostik/Ausdauertestung

Um einen geeigneten Ausdauertest für Herrn B. auszuwählen, erfolgt eine Voreinstufung mit Hilfe des IPN-Tests. Dazu werden das Alter, das Geschlecht, der Trainingszustand und der Ruhepuls von Herr B. erfragt (vgl. Tabelle 1,2 und 3). Mit dem Alter und dem Ruhepuls von Herr B. lässt sich mithilfe von Tabelle 4 eine Zielherzfrequenz ermitteln, welche im Fall von Herr B. bei 120 S/min liegt. Wenn dieser Wert beim Ausdauertest überschritten wird, hat das den Abbruch des Tests zufolge.

Tab.4: Voreinstellung nach Ruhefrequenz und Lebensalter (modifiziert nach Trunk,2001; IPN,2004,S.4)

Alter/ HfRuhe	<20	20-29	30-39	40-49	50-59	60-69	>70
<50 S/min	140 S/min	135 S/min	130 S/min	125 S/min	115 S/min	110 S/min	105 S/min
50-59 S/min	145 S/min	140 S/min	135 S/min	125 S/min	120 S/min	115 S/min	110 S/min
60-69 S/min	145 S/min	145 S/min	135 S/min	130 S/min	125 S/min	120 S/min	115 S/min
70-79 S/min	150 S/min	145 S/min	140 S/min	135 S/min	130 S/min	125 S/min	120 S/min
80-89 S/min	155 S/min	150 S/min	145 S/min	140 S/min	135 S/min	125 S/min	125 S/min
>90 S/min	160 S/min	155 S/min	150 S/min	145 S/min	135 S/min	130 S/min	125 S/min

Tab. 5: Voreinstufung unter zusätzlicher Berücksichtigung der Trainingshäufigkeit ausdauerrelevanten Aktivitäten (modifiziert nach Trunk, 2001, IPN, 2004, S.4)

Trainingszustand	Trainingshäufigkeit/ Woche	Stunden/Woche	Pulsaufschlag
Kein Ausdauertraining	Kein einziges Mal	0 Stunden	Kein Aufschlag
Wenig Ausdauertraining	1-2 mal	Bis zu 1 Stunde	Kein Aufschlag
Moderates Ausdauertraining	2-3 mal	1-2 Stunden	Plus 5 S/min
Viel Ausdauertraining	3-4 mal	2-4 Stunden	Plus 10 S/min
Sehr viel Ausdauertraining	> 4 mal	> 4 Stunden	Plus 15 S/min

Mit einem Blick auf den Trainingszustandes von Herrn B. (vgl. Tabelle 3) kann aus Tabelle 5 abgeleitet werden, das auf Zielherzfrequenz kein Aufschlag hinzukommt.

Bei ausgewählten Ausdauertest handelt es sich um den WHO-Test, welche sehr gut geeignet ist für Personen mit geringer Ausdauererfahrung und die an Übergewicht und Hypertonie Stufe 1 leiden, wie es bei Herr B der Fall ist. Vor Beginn des Test, wurde eine Rücksprache mit dem Arzt gehalten, da Herr B. Hypertonie Stufe 1 hat und dieses eigentlich als Kontraindikation gilt. Der WHO-Test darf dennoch gemacht werden, da der Arzt sein ok gegeben hat.

Der WHO-Test auf dem Fahrradergometer läuft wie folgt ab:

Der Kunde startet mit einer Eingangsbelastung von 25 Watt. Die Wattzahl wird nun vom Trainer, alle 2 min, um weiter 25 Watt gesteigert. Dies geschieht solange bis der Kunde seine Zielherzefrequenz erreicht, welche als Abbruchkriterium für den WHO-Test gilt. Da Herr B. sein Blutdruck in Hypertonie Stufe 1 einzuordnen ist, wird sich bei dem Test nicht an WHO-LA (Rost, 2002, S. 57) orientieren. Sondern es wird gemäß Tabelle 4, die Zielherzfrequenz für den WHO-Test ermittelt. Des Weiteren steht der Kunde während des ganzen Tests unter Beobachtung von dem Trainer und dieser beendet den Test auch umgehend sobald der Kunde über Unwohlsein egal welcher Art klagt!

Tab. 6: Testverlauf Fahrradergometer

Geschlecht: männlich	Alter: 53Jahre	Gewicht: 72kg	Ruhepuls: 52 S/min	Blutdruck: 145/92 mmHg
Testform: WHO-Test	Stufendauer: 2 Minuten	Pulsobergrenze: 120 S/min	Belastungssteigerung: 25 Watt	Abbruchgrenze: 120 S/min
Eingangsbelastung: 25 Watt	Trittfrequenz: ca. 60-80 U/min			

Test vom 13.06.2019			
Zeit	Watt	Hf 1 nach 1min	Hf 2 nach 2min
0-2min	25 Watt	57 S/min	64 S/min
2-4min	50 Watt	69 S/min	79 S/min
4-6min	75 Watt	84 S/min	93 S/min
6-8min	100 Watt	98 S/min	103 S/min
8-10min	125 Watt	106 S/min	109 S/min
10-12min	150 Watt	114 S/min	120 S/min

Herr B. hat es geschafft 6 Stufen mit einem finalen Wert von 150 Watt zu fahren (vgl. Tab. 6). Nach Stufe 6 wurde der Test beendet da Herr B. seine Zielherzfrequenz nach Tab 4 erreicht hat. Die relative Wattleistung von Herrn B. beträgt 2,08 Watt/kg Körpergewicht. Dieser Wert wird mit der Formel Watt/Körpergewicht ermittelt. Mit diesem Wert lässt sich aus der Normtabelle für den submaximalen Radergometertest für Herren (modifiziert nach IPN, 2004, S.8) ein Belastungsfaktor von 0,67 ermitteln.

Mit diesem Wert lassen sich jetzt die einzelnen Trainingsherzfrequenzen, für die einzelnen Cardiogeräte berechnen. (IPN, 2004, S.10)

Für das Radergometer berechnet sich die Trainingsherzfrequenz wie folgt:

$Thf=((220-LA)-HF_{Ruhe})xBF+HF_{Ruhe}$

Für das Laufband, Stepper und den Crosstrainer lässt sich die Trainingsherzfrequenz folgendermaßen berechnen:

$Thf=((220-3/4LA)-HF_{Ruhe})xBF+HF_{Ruhe}$

Dies ergibt für Herr B eine Trainingsherzfrequenz von 129 S/min für das Radergometer und für das Laufband eine Trainingsherzfrequenz von 137 S/min.

1.3 Gesundheits- und Leistungsstatus der Person

Herr B. hat gegen alle Erwartungen eine gute relative Watt-Soll-Leitung die zwischen mäßig Trainierten und gute Trainierten Menschen liegt (modifiziert nach IPN,2004, S. 8). Dennoch wird im ersten Mesozyklus ein leichter Einstieg in das Ausdauertraining gemacht, da Herr B. seit einiger Zeit gar keinen Sport mehr betreibt. Um die Einstiegsphase zu sehr in die Länge zu ziehen wird der erste Mesozyklus auf sechs Wochen beschränkt. Nach diesen 6 Wochen erfolgt eine neue Testung um die Belastungsparameter an Herr B's Leistungen anzupassen.

Für den ersten Mesozyklus wird mit dem Radergometer und dem Laufband gearbeitet, dies hängt mit dem Hypertonie Grad 1 von Herrn B zusammen.

2 Zielsetzung/Prognose

Tab. 7: Ziele des Kunden

Inhalt	Ausmaß	Zeit
Senkung des Blutdrucks	Von Hypertonie Grad 1 auf Hochnormal	6 Monate
Reduzierung des BMI	Von 25,8 auf 24	6 Monate
Verbesserte Ausdauer beim Wandern	Zeit für Strecke von Wü-So (14km) von 3,5h auf 2,5h senken	6 Monate

Das oberste Ziel von Herr B. ist es seinen BMI von 25,8 auf 24 zu reduzieren, also sein Körpergewicht um 5kg von 72kg auf 67kg zu reduzieren. Mit der Senkung des BMI soll auch sein zweites Ziel die Senkung des Blutdrucks erreicht werden. Da dieser sich aktuell in Hypertonie Grad 1 befindet (siehe Tab.8). Das Ziel ist also die Senkung von Hypertonie Grad 1 zu einem hochnormalen Blutdruck. Durch die Senkung seinen Blutdrucks soll auch das Risiko gemindert werden, das Herr B. an Diabetes Typ 2 erkrankt. In seiner Familie ist erblich bedingt das Risiko höher an Diabetes Typ 2 zu erkranken und dieses möchte Herr B. möglichst gering halten. Das letzte Ziel soll einfach durch das kontinuierliche Ausdauertraining erreicht werden, denn Herr B. geht gern wandern und möchte in Zukunft längere und eventuell auch anspruchsvollere Strecken bestreiten können ohne das es ihn überfordert!

Tab. 8: Blutdruckwerte

	Systolisch (mmHg)	Diastolisch (mmHg)
Optimal	<120	<80
Normal	<130	<85
Hochnormal	130-139	85-89
Hypertonie Grad 1	140-159	90-99
Hypertonie Grad 2	160-179	100-109
Hypertonie Grad 3	>179	>109

3 Trainingsplanung Mesozyklus

3.1 Grobplanung Mesozyklus

Tab. 9: Grobplanung Mesozyklus

Mesozyklus	
Dauer	6Wochen
Trainingsziel	- Aufbau der Grundlagenausdauer - Senkung des BMI/Gewichtsreduzierung - Blutdruck senken
Belastungsumfang pro Woche	Maximal 3 Stunden
Trainingsmethode	- extensive Dauermethode (G1) - extensive Dauermethode (REKOM) - variable Dauermethode (G2)
Trainingsintensität	- 50-70% HFmax (extensive Dauermethode) - 50-80%HFmax (variable Dauermethode)
Trainingshäufigkeit pro Woche	2-3 mal
Dauer pro Trainingseinheit	30-60min (extensiv) 15-30min (variabel)
Trainingsgeräte	Radergometer, Laufband

3.2 Detailplanung Mesozyklus

Die Trainingsherzfrequenz wurde berechnet mit Hilfe der ACSM- Formel, bei der man die gewünschten Trainingsintensitäten mit Hilfe der HF_{max} berechnet.

$Thf=HF_{max} \times$ Intensität in %

Die HF_{max} von Herrn B ergibt: 220-53=167S/min

Mit Hilfe der HF_{max} können nun die Thf für Herrn B berechnet werden.

Tab. 10: Detailplanung Mesozyklus W1

Mesozyklus		
Woche 1	Dienstag	Samstag
Trainingsziel	GA1 Aufbau	REKOM Regeneration
Trainingsmethode	Extensiven DM	Extensive DM
Trainingsintensität	60-70% HFmax	50-60% HFmax
Trainings-herzfrequenz	100-117 S/min	84-100 S/min
Trainingsdauer	20min	30min
Trainingsgerät	Fahrradergometer	Laufband

Tab. 11: Detailplanung Mesozyklus W2

Mesozyklus		
Woche 2	Dienstag	Samstag
Trainingsziel	GA1	REKOM
Trainingsmethode	Extensive DM	Extensive DM
Trainingsintensität	60-70%HFmax	50-60% HFmax
Trainings-herzfrequenz	100-117 S/min	84-100 S/min
Trainingsdauer	20min	30min
Trainingsgerät	Fahrradergometer	Laufband

Tab. 12: Detailplanung Mesozyklus W3

Mesozyklus			
Woche 3	Dienstag	Donnerstag	Samstag
Trainingsziel	GA1	GA2	REKOM
Trainingsmethode	Extensive DM	Variable DM	Extensive DM
Trainingsintensität	60-70%HFmax	Extensiv: 50-60% HFmax Intensiv: 70-80% HFmax	50-60% HFmax
Trainings-herzfrequenz	100-117 S/min	Extensiv: 84-100 S/min Intensiv: 117-134 S/min	84-100 S/min
Trainingsdauer	20min	10 min extensiv 5 min intensiv	30min
Trainingsgerät	Laufband	Fahrradergometer	Laufband

Tab. 13: Detailplanung Mesozyklus W4

Mesozyklus			
Woche 4	Dienstag	Donnerstag	Samstag
Trainingsziel	GA1	GA2	REKOM
Trainingsmethode	Extensive DM	Variable DM	Extensive DM
Trainingsintensität	60-70%HFmax	Extensiv: 50-60% HFmax Intensiv: 70-80% HFmax	50-60% HFmax
Trainings-herzfrequenz	100-117 S/min	Extensiv: 84-100S/min Intensiv: 117-134 S/min	84-100 S/min
Trainingsdauer	20min	10 min extensiv 5 min intensiv	30min
Trainingsgerät	Laufband	Fahrradergometer	Laufband

Tab.14: Detailplanung Mesozyklus W5

Mesozyklus			
Woche 5	Dienstag	Donnerstag	Samstag
Trainingsziel	GA1	GA2	REKOM
Trainingsmethode	Extensive DM	Variable DM	Extensive DM
Trainingsintensität	60-70%HFmax	Extensiv: 50-60% HFmax Intensiv: 70-80% HFmax	50-60% HFmax
Trainings-herzfrequenz	100-117 S/min	Extensiv: 84-100 S/min Intensiv: 117-134S/min	84-100 S/min
Trainingsdauer	30min	15min extensiv 10min intensiv	40min
Trainingsgerät	Laufband	Fahrradergometer	Laufband

Tab.15: Detailplanung Mesozyklus W6

Mesozyklus			
Woche 6	Dienstag	Donnerstag	Samstag
Trainingsziel	GA1	GA2	REKOM
Trainingsmethode	Extensive DM	Variable DM	Extensive DM
Trainingsintensität	60-70%HFmax	Extensiv: 50-60% HFmax Intensiv: 70-80% HFmax	50-60% HFmax
Trainings-herzfrequenz	100-117 S/min	Extensiv: 84-100 S/min Intensiv: 117-134 S/min	84-100 S/min
Trainingsdauer	30min	15 min extensiv 10 min intensiv	40min
Trainingsgerät	Laufband	Fahrradergometer	Laufband

3.3 Begründung Mesozyklus

3.3.1 Begründung zum wöchentlichen Belastungsumfang

Die wöchentliche Einteilung in 3 Trainingseinheiten an jeweils 3 Tagen der Woche, hängt gänzlich von der verfügbaren Zeit von Herrn B. ab. Dieser kann durch seine Arbeit lediglich am Dienstag, Donnerstag und Samstag einer Woche. An diesen Tagen möchte er auch nicht wesentlich länger als 1h im Fitnessstudio verbringen. Die zeitliche Einteilung wurde dementsprechend auf die Wünsche von Herrn B. angepasst!

3.3.2 Begründung der Trainingsmethoden

Der erste Mesozyklus dient dazu Herrn B. erstmal wieder an das Ausdauertraining heranzuführen. Am ersten Tag wurde eine extensive Dauermethode gewählt. Bei der extensiven Dauermethode steht das Ziel des Aufbaus der Grundausdauer im Vordergrund, welche Herr B. für seine Wanderungen steigern verbessern möchte. Ein weiter Vorteil der extensiven Dauermethode ist das mit dieser Methode die arterielle Hypertonie oder umgangssprachlich der Bluthochdruck behandelt wird, da Herr B. bekanntlich Hypertonie Grad 1 hat (Muster & Zielinski, 2006, S. 66)!

Am zweiten Tag der Woche steht die variable Dauermethode auf dem Plan um die Grundlagenausdauer weiter auszubauen und zu stabilisieren. Des Weiteren dient diese Methode als Vorbereitung für die Intervallmethode welche in den folgenden Mesozyklen eine Rolle spielen wird. Diese Methode fördert bekanntlich die Fettverbrennung, welche förderlich für Herrn B ist, denn dieser möchte seinen BMI senken.

Am letzten Tag ist nochmals die extensive Dauermethode vorgesehen, diesmal allerdings als REKOM. Dies dient dazu die Grundausdauer zu stabilisieren und außerdem wollte Herr B. das Wochenende für seine Familie nutzen und hat darum gebeten, eine ruhigere Einheit auf den Samstag zu legen.

3.3.3 Begründung der Belastungsprogression

Im ersten Mesozyklus gibt es eine Belastungssteigerung in Form von Erhöhung der Häufigkeit ab Woche 2 und eine Erhöhung des Umfangs ab Woche 5 um eine kontinuierliche Steigerung zu garantieren. Dieser Mesozyklus dient dafür Herrn B. erneut an das Ausdauertraining heranzuführen. Die Anpassung der Intensität erfolgt dann in den nächsten Mesozyklen. Deshalb ist dieser Mesozyklus auch nur auf sechs Wochen begrenzt, denn dieser dient ausschließlich der erneuten Heranführung an das Ausdauertraining und dem Aufbau der Grundausdauer.

3.3.4 Begründung der Trainingsbereiche

Herr B. trainiert sowohl im Grundlagenausdauerbereich 1 (GA1) und im Regenerations- und Kompensationsbereich (REKOM). Das Training im GA1 ist fürn Herr B. wichtig, da es hierbei in erster Linie um den Aufbau der Grundausdauer geht. In den späteren

Zyklen dient es außerdem zur Stabilisierung der Grundausdauer. Beim GA1 Training kann es außerdem zur Verbesserung des Blutdrucks kommen(Scheidt, P., 2013), welches eines der Ziele von Herrn B. ist! Das REKOM Training wurde gewählt damit Herr B. sich am Wochenende nicht verausgabt und die Grundausdauer stabilisieren kann.

3.3.5 Begründung der Bewegungsformen

Bei den ausgewählten Bewegungsformen handelt es sich um das Radergometer und das Laufband. Das Laufband wurde ausgewählt, da bei dieser Bewegungsform der Blutdruck geringer ist, was im Fall von Herr B. gut geeignet ist. Das Radergometer wurde auf den Wunsch von Herrn B. mit in den Mesozyklus genommen, da dieser sich laut eigener Aussage schnell langweilt und die anderen Geräte nicht mag. Es ist nicht förderlich für seinen Blutdruck. Da es sich aber nur um Hypertonie Stufe 1 handelt ist das kein Ausschlusskriterium für den Radergometer. Die Bedürfnisse des Kunden stehen im Vordergrund!

4 Literaturrecherche

Studie 1:

Auswirkungen von Hochintensiven Ausdauertraining im Vergleich zu leichtem Ausdauertraining und Krafttraining bei übergewichtigen und adipösen Frauen.

Tab.16: Studie 1
https://www.ncbi.nlm.nih.gov/pubmed/26609965

Autoren	Said M, Lamya N, Olfa N, Hamda M
Erscheinungsjahr	2017
Versuchspersonen	32 Frauen
Versuchsaufbau	32 Frauen wurden nach dem Zufallsprinzip in zwei Gruppen eingeteilt: eine Hochintensive Ausdauer -Gruppe (HIA, N = 16) und eine leichtintensiven Ausdauer -Gruppe in Kombination mit einem Krafttraining (LIAS, N = 16). Körpergewicht (BW), Körperzusammensetzung, aerobe Fitness (AF), Geschwindigkeit und Beweglichkeit, vertikale Sprungdistanz (VJ), Ausdauer der Bauchmuskulatur (AME), Flexibilität des unteren Rückens und der Oberschenkel, Herzfrequenz (HR), systolisch (SBP) und diastolischer Blutdruck (DBP), Gesamtcholesterin (TC), Triglycerid (TG), HDL-c, LDL-c, Apolipoprotein AI (Apo AI) und B (Apo B) wurden zu Beginn und am Ende gemessen der Ausbildungszeit.
Ergebnis	Ein signifikanter Rückgang wurde bei allen anthropometrischen Variablen mit Ausnahme der fettfreien Masse (FFM) festgestellt, die in der leichtintensiven Gruppe zunahm (P <0,05). Vergleiche zwischen den Gruppen ergaben signifikante Unterschiede zugunsten der hochintensiven Gruppe in BW, Fettanteil und FM und zugunsten der leichtintensiven Gruppe in FFM (P <0,05 für alle). DBP, HR, TC, LDL-c, TG und Apo B nahmen signifikant ab und HDL-c und Apo A-I nahmen in beiden Gruppen signifikant zu. Es wurden keine signifikanten Modifikationen der SBP- und Glucosekonzentrationen festgestellt. Signifikante Verbesserungen bei allen Komponenten der körperlichen Fitness wurden auch in der hochintensiven Gruppe festgestellt (P <0,05), jedoch wurden nur AF, VJ, AME und die Flexibilität in der leichtintensiven Gruppe verbessert (P <0,01). Der Vergleich zwischen den Gruppen ergab, dass die Werte für VJ und AME bei leichtintensiven im Vergleich zur hochintensiven Gruppe höher waren (P <0,01).
Schlussfolgerung	Unsere Ergebnisse zeigten, dass ein 24-wöchiges hochintensives oder leichtes Ausdauertraining die Körperzusammensetzung, die körperliche Fitness und die CVR-Faktoren bei übergewichtigen und fettleibigen Frauen verbesserte. Trotzdem bleibt die Anwendung jeder Trainingsmethode den gewünschten Effekten zu verdanken. Tatsächlich ist die hochintensive Trainingsmethode effektiver bei der Reduzierung des Körpergewichts und beim Fettabbau. Die leichtintensive Trainingsmethode ist jedoch geeigneter, wenn die Verbesserung der FFM, der aeroben Fitness und der Muskelkraft beansprucht wird.

Studie 2:

Hochintensives Intervalltraining ist im Gegensatz zu kontinuierlichem Ausdauertraining mit einer größeren Auswirkung auf die körperliche Fitness, die Insulinsensitivität und den mitochondrialen Muskelgehalt bei Männern mit Übergewicht / Adipositas verbunden: eine randomisierte kontrollierte Studie.

Tab. 17: Studie 2
https://www.ncbi.nlm.nih.gov/pubmed/29855444

Autoren	De Strijcker D, Lapauw B, Ouwens DM, Van de Velde D, Hansen D, Petrovic M, Cuvelier C, Tonoli C, Calders P
Erscheinungsjahr	2018
Versuchspersonen	16 Männer mit Übergewicht
Versuchsaufbau	16 männliche Teilnehmer mit Übergewicht / Adipositas (Alter: 42-57 Jahre, Body-Mass-Index: 28-36 kg / m2) wurden 10 Wochen lang zweimal pro Woche in HIT (n = 8) oder CAT (n = 8) randomisiert. HIT bestand aus 10 Minuten intensiven, 10 Minuten kontinuierlichen Aerobic- und 10 Minuten intensiven Übungen. CAT bestand aus dreimal 10 Minuten kontinuierlichem Training. Veränderungen in Anthropometrie, körperlicher und metabolischer Fitness wurden bewertet. Die Muskelhistologie (Mitochondrien und Lipidgehalt) wurde durch Transmissionselektronenmikroskopie (TEM) bewertet.
Ergebnis	Die HIT zeigte einen signifikanten Anstieg des VO2-Peaks (P = 0,01), der Insulinsensitivität (AUC-Glucose (P <0,001), des AUC-Insulins (P <0,001), des OGTT-Composite-Scores (P = 0,007)) und eine signifikante Abnahme des bRER (P <0,001) im Vergleich zu CAT. Der mitochondriale Muskelgehalt war nach HIT sowohl an der subsarkolemmalen (P = 0,004 und P = 0,001) als auch an der intermyofibrillären Stelle (P <0,001 und P = 0,001) signifikant erhöht.
Schlussfolgerung	Hochintensives Training bewirkt im Vergleich zu kontinuierlichem aeroben Training stärkere positive Effekte auf die körperliche Fitness, die basale RER, die Insulinsensitivität und den mitochondrialen Muskelgehalt.

5 Literaturverzeichnis

De Strijcker, D., Lapauw, B., Ouwens, DM., Van de Velde, D., Hansen, D., Petrovic, M. et al. (2018). High intensity interval training is associated with greater impact on physical fitness, insulin sensitivity and muscle mitochondrial content in males with overweight/obesity, as opposed to continuous endurance training: a randomized controlled trial. *Journal of musculoskeletal & neuronal interactions,* 18 (2), 215-226
Zugriff am 15.08.2019. Verfügbar unter:
https://www.ncbi.nlm.nih.gov/pubmed/29855444

Muster, M. & Zielinski, R. (2006). *Bewegung und Gesundheit. Gesicherte Effekte von körperlicher Aktivität und Ausdauertraining.* Darmstadt: Steinkopff

Said, M., Lamya, N., Olfa, N. & Hamda, M. (2017). Effects of high-impact aerobics vs. low-impact aerobics and strength training in overweight and obese women. *The Journal of sports medicine and physical fitness,* 57 (3), 278-288
Zugriff am 15.08.2019 Verfügbar unter:
https://www.ncbi.nlm.nih.gov/pubmed/26609965

Scheidt, P. (2013). *Gesundheitsorientiertes Cardiotraining. Erstellung eines Mesozyklus für Trainingsbeginner.* Grin Verlag.

World Health Organization. (2000). *Obesity: Preventing and Managing the Global epidemic Report of a WHO Consultation*: The Stationary Office Books (Agencies).

6 Tabellenverzeichnis